Este livro é o resultado de um trabalho feito com muito amor, diversão e gente finice pelas seguintes pessoas:

Gustavo Guertler (Edição), Fernanda Fedrizzi (Coordenação Editorial), Germano Weirich (Revisão) e Fabio Haag (Capa e Projeto Gráfico).

Obrigado, amigos.

2018
Todos os direitos desta edição reservados à
Editora Belas Letras Ltda.
Rua Coronel Camisão, 167
CEP 95020-420 Caxias do Sul, RS
www.belasletras.com.br

Dados Internacionais de Catalogação na Fonte (CIP)
Biblioteca Pública Municipal Dr. Demetrio Niederauer
Caxias do Sul, RS

P581p Piangers, Marcos
O poder do eu te amo / Marcos Piangers. _Caxias do Sul: Belas Letras, 2018.
84 p.

ISBN 978-85-8174-430-8

1. Amor. 2. Autoajuda. I. Título.

18/16 CDU: 176

Catalogação elaborada por Maria Nair Sodré Monteiro da Cruz CRB-10/904

O PODER DO EU te AMO

Marcos Piangers

Arte Fabio Haag

O poder do Eu Te Amo

Eis uma frase revolucionária.

Nossos pais e avós, em geral, não eram adeptos. Eles queriam que fôssemos durões. Meu avô trabalhou na roça. Depois disso, cortou barba e cabelo. Depois, dirigiu caminhões pra dar comida e estudo pros filhos. Minha mãe também não teve uma vida tranquila. Engravidou cedo, me criou sozinha. Não era muito dada a sentimentalismos. A vida, realmente, é uma coisa séria. Entendo quem não consegue ter um coração mole.

Nada de delicadezas. Nada de desperdício de comida. Nada de "eu te amo" terça à tarde.

Abraços eram ocasiões especiais. Presentes, no Natal e olhe lá. A vida não é fácil e você tem que estar preparado.

Uma publicação de 1935 recomendava: "Nunca abrace ou beije seu filho, nunca deixe ele sentar no seu colo. Se você precisar, beije-o na testa na hora de dizer boa noite. Aperte a mão dele pela manhã. Faça um carinho na sua cabeça se ele fizer algo realmente extraordinário."

O mundo é cruel e seus filhos precisam estar preparados.

Como uma profecia que se autocumpre, crescemos duros, escondendo nossos sentimentos. E nosso mundo também acabou se tornando rude e áspero. Acabamos adultos severos, contribuindo para que o mundo continue cruel. Fui educado assim, então esta é a forma correta.

Ter um coração mole em um mundo cruel não é sinal de fraqueza, é sinal de coragem.

Muitas vezes fui duro com minhas filhas. Todas as vezes que isso aconteceu, isso nos distanciou. Muitas vezes, a aspereza não ajudou a transformá-las em crianças comportadas. O que funcionou, na maioria das vezes, foi quando as respeitei. Quando me abaixei e fiquei na altura delas. Quando expliquei educadamente o motivo e a importância de estabelecer um limite.

O amor educa. A criança se sente respeitada e, por isso, respeita.

Somos uma geração de pais mais carinhosos. Dizemos "eu te amo" mais facilmente. Alguns como quem diz "bom dia". Inventamos novas formas de comparação. "Amo você daqui até a lua". "Amo você mais que tudo". "Amo você dez vezes infinito".

Já ouvi tantas vezes de minhas filhas e valorizo cada uma delas. Todas me dão água nos olhos. Abracei-as mais do que fui abraçado por minha mãe. Tenho mais fotos delas, guardadas em HDs e com backup na nuvem, do que as câmeras de vinte e quatro poses jamais conseguiriam tirar.

Uma amiga contou que o pai nunca lhe disse "eu te amo". Ela procurava carinho, que nunca

aparecia. De vez em quando, ele botava as crianças pra dormir. Os três filhos de banho tomado deitavam, cada um em sua cama.
O pai entrava no quarto, o silêncio respeitoso tomava conta do lugar. O senhor começava a desenrolar os mosquiteiros que ficavam em cima da cama das crianças. Estendia a proteção, cuidadosamente, sobre os filhos, sem dizer uma palavra. Olhava com atenção pra ver se nenhum mosquito tinha ficado do lado de dentro. Verificava se não havia frestas para outros mosquitos entrarem. Fazia isso para cada um dos três filhos, sem trocar uma palavra. Depois de tudo pronto ia até a porta e dizia: "boa noite". As crianças respondiam: "boa noite". O pai se ia. E as crianças sentiam que o pai as amava. Só faltava dizer.

Pois quando essas três palavras se materializam, elas quebram barreiras invisíveis. Verbalizadas, se transformam em verdade e libertação.

Depois que escrevi sobre o poder do eu te amo, recebi inúmeros depoimentos. Filhos que passaram a valorizar mais os pais. Pais que passaram a estar mais próximos dos filhos. Casais que estavam distantes e, ao dizerem essas três palavras mágicas, redescobriram a paixão que um dia tinham. São palavras encantadas, que vencem a força da distância. Que recuperam o tempo perdido.

Recebi mensagens de todos os tipos, todas falando sobre como declarar amor foi transformador. Uma das que mais me emocionou foi a seguinte:

Sábado passado fui visitar minha mãe na clínica em que ela está. A comunicação é praticamente inexistente, pois ela apenas balbucia palavras incompreensíveis, decorrência de um estado avançado de Alzheimer. Uma frustração só. Acho que para ambas.

Pois nesse dia, inspirada no teu texto, olhei bem para os olhos dela e disse "eu te amo, mãe", duas vezes seguidas.

Ela me puxou para perto, apertou minha mão e disse em alto e bom som: "Minha filha!", e me beijou muitas vezes no rosto. Imagine a emoção que foi, não só para mim, mas também para quem presenciou esse ato de amor. Obrigado. Já valeu a pena te conhecer.

Digo o mesmo. Quando comecei a escrever, há cerca de dez anos, nunca imaginei que abrir o coração teria tanto poder. Nunca imaginei que mostrar meus sentimentos mais sinceros seria tão influenciador. Nunca imaginei que amolecer meu coração transformaria o mundo em um lugar mais suave. Que o amor é contagiante.

Avisem por aí.

O mundo está cheio de pessoas boas.

Se você não consegue encontrá-las, seja uma.

Um dia, a gente estava falando
com uma amiga nossa, quando
minha filha Anita perguntou:

Teus filhos te acham

BONITA?

E a nossa amiga,
que não tem
a autoestima
muito

ELEVADA,

respondeu...

“Eu acho que

não.

Eu acho

que

eles

me

acham

F

E

I

A”

Então a Anita perguntou:

“Mas você diz

EU

TE

AMO

para eles?”

“Você

ABR

AÇA

eles?”

Porque isso faz **TO**

a DIF

DA
ERENÇA

para
uma pessoa
nos achar bonita.

E eu achei superbonito

IS

Quando a minha filha sacou

SO.

Que o eu te amo

tem

POD

DER

Uma das vantagens de trabalhar
em casa é que às vezes
ela está fazendo a lição da escola,
e eu estou trabalhando,
escrevendo,
quando de repente
ela grita lá do quarto:

PAI
TE
AM

E é tipo,

A MELHOR COISA DE SE OUVIR

São só 3 palavras,

m a s

as pessoas têm

M

D

E

O

delas.

São só 3 palavras,

m a s

a gente não percebe
como elas são

POD

EROSAS

Como o eu te amo

VIDAS

VIDAS

VIDAS

MUDA

VIDAS

MUDA
VIDAS

Eu me lembro quando falei
pela primeira vez isso para
minha madrinha no
telefone,

“TE AMO”

E agora,
todas as vezes que
a gente se fala por
telefone, ela diz:

EU TAMBÉM

TE AMO EU TAMBÉ

EU TAMBÉM TE A

TE AMO EU TAMB

TE AMO EU TAMB

"EU TAMBÉM EU

TE AMO" EU T

TE AMO EU TAM

EU TAMBÉM

TE AMO EU T

TE AMO TE

EU TAMBÉ

Porque

A GENTE SÓ DÁ

A GENTE SÓ DÁ

O QUE RECEBEU UM DIA

Eu me lembro também

namorar minha esposa.

"eu te amo",

Aquilo nos deixou

a coragem de dizer

de quando eu comecei a

Quando eu falava

aquilo era poderoso.

mais próximos,

"eu te amo".

U
E
C
E
L
A
T
R
O
F

E

nosso relacionamento.

Eu lembro de uma outra vez
em que a minha filha
estava com meu sogro.
E ela disse:

“Eu te amo, VOVÔ”

Eu acho que o meu sogro
nunca tinha ouvido isso.
Ele começou a

C

H O

C

O

H

R

C

O

H

R

A

R

Aquilo foi muito para ele.

forte

Desde aquele dia,
ele tentou
começar a

F – A –

F - A - L - A - R

eu

te

amo

Mas ele não conseguia.

Ele

t e n t a v a

falar,

mas ele

ficava

CONSTRANGIDO

Ele achava bobo.
É que o eu te amo é

t ã o

poderoso
que as pessoas
têm

MEDO

O meu sogro morreu sem falar
eu te amo para os filhos.

EU TENHO CERTEZA DE QUE ELE SE ARREPENDEU DISSO.

O eu te amo

CONSTRANGE

O eu te amo

B

T

R

A

PO

O eu te amo tem

DE

R

E nunca é

TA

RD

Para começar a

PRA

TI

AR

MARCOS PIANGERS é jornalista e dá palestras por todo o Brasil sobre as mudanças tecnológicas e as relações familiares. Trabalha com comunicação e plataformas digitais desde 2001. Nascido em Florianópolis, em 2006 se mudou para Porto Alegre, para participar do programa Pretinho Básico, um fenômeno de audiência. Em 2017, foi morar em Curitiba com a família. Publicou *O papai é pop* em 2015, pela Belas Letras, livro que virou best-seller com mais de 150 mil exemplares vendidos, lançado também em inglês e espanhol, além de *O papai é pop* 2, em 2016, e dois volumes em quadrinhos.

www.piangers.com.br /MarcosPiangers /Piangers

FABIO HAAG se divide entre o design de fontes digitais e a fotografia de família. De Sapiranga, no interior gaúcho, desenha letras profissionalmente desde 2006 e durante oito anos atuou em uma grande empresa internacional, de onde trabalhou para cinco das 12 marcas mais valiosas do mundo. Entre os seus projetos brasileiros estão as fontes para os Jogos Olímpicos Rio 2016 e para a Petrobras. Em 2016, passou a atuar como designer independente, possibilitando se reconectar com suas paixões, incluindo a fotografia de família.

www.fabiohaagtype.com.br /FabioHaagType /FabioHaag